LA
BAISSE DU BLÉ
Causes et Remèdes
LE BIMÉTALLISME

PAR

L'ABBÉ OUVRAY

Curé de Saint-Ouen — Vendôme

(Loir-et-Cher)

Lauréat de la Société des Agriculteurs de France

Conférencier Agricole à l'Institut Catholique de Paris

La spéculation, voilà l'ennemi

TROISIÈME ÉDITION

Prix : 0 fr. 65 — Franco : 0 fr. 75

EN VENTE

Chez l'AUTEUR | Librairie BLOUD et BARRAL
Saint-Ouen | 4, rue Madame, Paris

LA
BAISSE DU BLÉ

Causes et Remèdes
LE BIMÉTALLISME

PAR

L'ABBÉ OUVRAY

Curé de Saint-Ouen — Vendôme

(Loir-et-Cher)

**Lauréat de la Société des Agriculteurs
de France**

Conférencier Agricole à l'Institut Catholique de Paris

La spéculation, voilà l'ennemi

TROISIÈME ÉDITION

Prix : 0 fr. 65 — Franco : 0 fr. 75

EN VENTE

Chez l'AUTEUR | Librairie BLOUD et BARRAL
Saint-Ouen | 4, rue Madame, Paris

AVANT-PROPOS

Jacques Bujault a dit : « *Ecrire pour le Laboureur c'est faire l'aumône au Pauvre.* »

Je n'ai pas besoin d'expliquer qu'il s'agit ici d'aumône intellectuelle.

Aux cultivateurs le travail, la charrue et la herse.

Aux agronomes l'étude, la plume pour instruire ceux qui travaillent la terre, leur montrer le progrès et défendre leurs intérêts.

Tel est le but de cette brochure.

Depuis quelques années, le prix du blé se tient entre 18 et 19 francs le quintal.

Au 9 octobre, d'après le bulletin du Ministère de l'Agriculture, il était encore de 18 fr. 35 sur le marché de Paris ; puis, tout à coup, la hausse, de New-York s'est étendue à tous les marchés du monde, et actuellement, le prix du blé oscille entre 21 et 22 francs, soit, environ, 4 francs de hausse.

Cette hausse subite est-elle fondée ? Faut-il l'attribuer à la disette qui sévit dans l'Inde, et aux pluies qui ont contrarié les emblavures, plusieurs le pensent, mais beaucoup pensent aussi avec raison que l'agiotage n'y est pas pour rien.

Quoi qu'il en soit, que les cultivateurs n'oublient pas qu'ils ont dans le blé une ressource pour l'alimentation et l'engraissement de leur bétail; mais, bien entendu, *dans le cas seulement où le prix n'en est pas suffisamment rémunérateur* et où ils ont plus d'avantage à le faire manger qu'à le vendre.

15 Décembre 1896.

La Baisse du Blé

Etude économique de la Question

Malgré les lois de protection votées par les Chambres, le blé baisse toujours et la crise agricole ne fait que s'accentuer.

A l'heure actuelle, 7 août 1896, voici d'après le Ministère de l'Agriculture le prix du blé sur les principaux marchés du monde :

Etranger : Berlin, 17 fr. 10; Vienne, 14 fr. 85 ; Londres, 15 fr. 40 ; Bruxelles, 15 fr. 75 ; New-York, 12 fr. 05 ; Chicago, 11 fr. 10.

France : Paris, 18 fr. 35 ; Lyon, 19 francs ; Rouen, 17 fr. 60 ; Toulouse, 19 fr. 20 ; Nancy, 18 fr. 50 ; Dijon, 18 fr. 65 ; Chartres, 16 fr. 85 ; Bergues (Nord), 17 fr. 60.

Quelles sont les causes de cette baisse générale ?

Le change, l'admission temporaire en franchise, le jeu des acquits à caution et les marchés fictifs à terme dans les bourses de commerce

Je vais successivement examiner toutes ces questions, et tâcher d'y mettre la note juste et impartiale.

PREMIÈRE PARTIE

CHAPITRE Ier

La Surproduction

On a longtemps cru que l'abondance des récoltes était la cause de l'avilissement du prix du blé, et cette année, à l'ouverture de la session de la Société des Agriculteurs de France, nous entendions, sur les lèvres de M. de Vogüé, ces paroles d'outre-tombe de M. le Mis de Dampierre : « Nous avons longtemps cru qu'une surproduction du blé dans les nouveaux pays, tels que l'Inde et l'Amérique, était la seule cause de l'abaissement du prix de cette denrée en Europe. Or, une savante étude de mon excellent confrère M. Eugène Marie, ancien directeur du commerce extérieur au ministère du commerce, prenant pour point de départ un mémoire fort bien documenté du docteur Rulhand, de Zurich, nous a forcés à renoncer à cette opinion. »

« Sur tous les points du globe, on se plaint également de l'avilissement du prix des céréales, mais il a été constaté dans des tableaux soigneusement chiffrés :

« 1° Que, bien que la population ait augmenté partout, la production du blé dans le monde entier, au lieu de progresser en proportion, s'est sensiblement abaissée de 1880 à 1894 ; qu'en Amérique, par exemple, la production qui, de 1870 à 1880, s'était accrue dans de telles proportions, que sa moyenne était évaluée à 3 hectolitres 32 litres par tête d'habitant, s'est abaissée depuis à 2 hectolitres 28 litres ;

« 2° Que, dans l'Inde, les exportations de blé ont subi dans la dernière période sexennale, comparativement à celle qui la précédait, une diminution de 6,145,294 quintaux. »

En Angleterre, d'après le rapport d'une commission d'enquête nommée l'année dernière, la superficie cultivée en blé, qui était en 1800 de 3,220,000 acres (1), est tombée, en 1895, à 1,500,000.

(1) L'acre anglais représente 40 ares 47 centiares.

En 1856, la production du blé en Angleterre était de 42 millions d'hectolitres ; en 1895, elle n'a été que de 16 millions 500 mille hectolitres, de sorte que l'Angleterre ne vit guère que pendant 90 jours de sa récolte, et pendant les 275 jours restants, elle vit des blés de l'étranger.

En France, d'après la statistique officielle, la production quinquennale a été, en moyenne, de 108,744 hectolitres, de 1886 à 1890.

La même moyenne quinquennale n'a été, de 1891 à 1895, que de 105,314. Ainsi donc, en France, et surtout en Angleterre, il n'y a pas surproduction, mais diminution.

Dans un discours, à Douai, devant la Société des Agriculteurs du Nord, M. Viger, alors ministre de l'agriculture, après avoir constaté que, depuis quelques années, le prix du blé était tombé de 25 fr. à 18 fr. le quintal, disait : « Cette baisse doit nous inspirer les plus graves inquiétudes, car elle pourrait amener la réduction de notre superficie ensemencée. »

Il ajoutait : « Si nous consultons les documents statistiques, nous vérifions la réalité de ce fait. Il résulte, en effet, du tableau de *Dornbusch*, que cette réduction s'accentue dans la plupart des pays européens, en raison directe de la baisse du prix du blé. »

En outre, d'après une statistique publiée par le ministère de l'agriculture de la Hongrie, à l'occasion du 23ᵉ marché international des graines et céréales, qui s'est tenu à Vienne, *le solde de blé disponible* en 1895, des pays exportateurs : Russie, Indes, République Argentine, Chili, Hongrie, etc., etc., était de 117 millons d'hectolitres. *Et le solde nécessaire* pour les pays importateurs : France, Angleterre, Allemagne, Italie, etc., était de 156 millions 740 mille hectolitres, d'où un déficit de 39 millions 740 mille hectolitres.

C'est donc un fait démontré, il n'y a pas, à l'heure actuelle, surproduction, et cependant le blé continue à baisser. Il faut aller chercher la cause ailleurs.

*
* *

Les vraies causes de la baisse du blé sont : 1° la question monétaire ou le change ; 2° l'admission temporaire en franchise et le jeu des acquits à caution ; 3° les marchés fictifs.

CHAPITRE II

Le Change

Il résulte de toutes les statistiques, que c'est dans la période *où la production a été la plus active*, que les prix se sont élevés et maintenus, et que ce n'est qu'à partir de 1873, *quand la production diminuait*, que la baisse a commencé à se faire sentir, pour aller toujours en s'accentuant.

M. Méline, après avoir constaté ce fait, le 18 février 1895, dans son discours à l'assemblée générale de l'*Association de l'Industrie* et de l'*Agriculture Française*, ajoutait : « La cause de la baisse générale, dont nous souffrons, n'est pas dans la surproduction, elle a une autre origine. Les produits, en effet, ne peuvent baisser que de deux manières : ou par l'augmentation de la production, ou par la diminution et *l'insuffisance de la monnaie*. »

C'est donc tout simplement une question monétaire, dont il est facile de suivre toutes les phases, à partir du mois de septembre 1873, où fut suspendue, en France, la libre frappe de l'argent, jusqu'à l'heure actuelle.

La répercussion se fit sentir presque immédiatement dans le monde entier.

Avant 1873, la loi monétaire en vigueur en France était la loi du 7 germinal an II (28 mars 1803), loi parfaite, qui établissait une relation fixe et immuable entre l'or et l'argent, dans le rapport de 1 à 15 1/2 avec la libre frappe de l'or et de l'argent. C'est grâce à cette loi que, pendant 75 ans, il n'y a pas eu de crise monétaire dans le monde, tant était grande l'influence universelle du bimétallisme français.

Avant 1873, les nations du monde étaient au point de vue monétaire, divisées en trois catégories : *Les monométallistes-or*, qui n'avaient que de l'or : l'Angleterre et le Portugal. *Les monométallistes-argent*, qui n'avaient que de l'argent : les Indes, la Chine, le Japon, le Mexique, l'Extrême-Orient, l'Amérique du Sud, l'Allemagne, la Russie, l'Espagne. *Les bimétallistes*, qui avaient de l'or et de l'argent : la France et les pays dits de l'Union Latine, l'Italie, la Belgique, la Suisse et la Grèce.

Mais, grâce à l'influence française, on peut dire que le monde entier parlait la même langue monétaire. *Le pair métallique* restait le même, dans le rapport de 1 à 15 1/2. Grâce aussi à cet état de choses, les nations au métallisme argent pouvaient échanger leur monnaie, sans dépréciation, avec les pays au métallisme or, et réciproquement : 1 kilog. de monnaie d'or valait 15 kilog. 1/2 d'argent, et 15 kilog. 1/2 d'argent, 1 kilog. d'or.

La France était comme un centre où chaque pays pouvait convertir, à des conditions connues et certaines, ses lingots d'argent en monnaie d'or, ou ses lingots d'or en monnaie d'argent.

Et bien que de 1853 à 1860, la monnaie française ait frappé plus de 4 milliards en pièces d'or, provenant des mines de Californie et d'Australie, contre seulement 90 millions en pièces d'argent, il n'y a pas eu la moindre dépréciation de l'or. Il y a plus, c'est pendant cette période que l'Europe a joui de la plus belle prospérité qu'elle ait jamais eue.

Mais, voici la guerre de 1870, et la défaite avec une rançon de cinq milliards. Or, l'Allemagne, voulant hâter son unité politique, par l'unité monétaire, décrète la suppression de l'argent et devient monométalliste-or et nous envahit de ses thalers *argent*, tout en encaissant nos cinq milliards d'or.

Il s'ensuivit ce fait que l'hôtel de la monnaie, qui n'avait frappé en 1871 que 4 millions 710 mille francs d'argent et 389 mille seulement en 1872, en frappa, pendant *les huit premiers mois de 1873*, plus de 150 millions. C'étaient les Anglais qui nous inondaient de lingots d'argent de provenance allemande (1) et qui nous prenaient en échange notre or et nos billets de banque.

Le gouvernement s'effraya, et, craignant de voir disparaître ou diminuer dans des proportions inquiétantes son numéraire or, il suspendit la frappe de l'argent.

La Belgique, l'Italie, la Suisse et la Grèce, liées avec la France par une convention monétaire, durent faire comme elle ; l'argent se vit alors refuser l'entrée de l'hôtel des monnaies, et, de fait, l'Europe devint monométalliste-or.

C'est à partir de ce moment que commence, comme conséquence inévitable, la dépréciation de l'argent et la crise monétaire, entraînant avec elle la crise économique et la baisse de tous les produits aussi bien industriels qu'agricoles.

En France, la pièce de cinq francs valant toujours cinq francs, grâce à l'estampille qu'elle porte et au cours forcé, on ne se rend pas compte de la dépréciation, cependant elle existe

(1) On évaluait à près de deux milliards la circulation d'argent en Allemagne.

parfaitement, et la preuve, c'est que
si votre pièce a perdu, par l'usure,
son effigie, le bijoutier ne vous en
donnera que deux francs et quelques
centimes, et si par mégarde vous re-
cevez une pièce de cinq francs mexicaine, qui pourtant intrinsèquement
vaut 10 centimes de plus que la nôtre,
vous ne pourrez la vendre aussi que
deux francs et quelque chose.

Il est facile de comprendre comment
le décret du 6 septembre 1873, sus-
pendant la libre frappe de l'argent, et
la loi du 5 août 1876, ordonnant la fer-
meture complète et définitive de l'hôtel des monnaies à l'argent, eurent
pour effet de révolutionner le monde
des affaires. L'argent qui jusqu'alors
était considéré comme *une valeur
réelle*, puisqu'on pouvait immédiatement le faire transformer en *bonne
monnaie sonnante*, devint, par suite
du décret de 1873 et de la loi de 1876,
une marchandise, subissant forcé-
ment la loi *de l'offre et de la demande,*
il devint comme le sac de blé dont les
cours montent ou baissent selon que
les demandes sont plus ou moins ac
tives.

Une partie de l'argent provenant
des mines argentifères ou d'ailleurs
a été jetée dans le commerce et a fait
baisser, de plus d'un tiers, tous les

objets en argent ; l'autre, en plus grande quantité, a été aux hôtels des monnaies des pays monométallistes-argent et a amené nécessairement une dépréciation générale de l'argent dans tous les pays à étalon d'or. C'est ce qui fait que la pièce de cent sous, qui vaut toujours cent sous au Mexique, au Chili, etc., parce que c'est la monnaie de ces pays, ne vaut plus en France, en Angleterre, en Allemagne, aux Etats-Unis, que la moitié et même moins, parce que dans ces pays on veut de l'or et pas d'argent. Ce n'est plus une monnaie pour nous, c'est une marchandise.

M. Edmond Théry, dans sa conférence à la Société des Agriculteurs de France, explique d'une manière saisissante le phénomène de la double répercussion de cet état de choses.

Il met en scène un habitant de *Barcelonnette*. Depuis un demi-siècle, une colonie de la vallée de Barcelonnette, établie au Mexique, y fait un commerce important. Ils font venir d'Europe, et surtout de France, des marchandises qu'ils revendent aux Mexicains. Leur fortune faite, ils font venir des parents ou des amis de la vallée de Barcelonnette, qui les remplacent dans leur commerce, et, eux, reviennent au pays d'origine.

En 1873, un Barcelonnette habitant le Mexique est venu à Paris, porteur de 1,000 piastres mexicaines en argent. La piastre mexicaine n'ayant pas cours en France, notre homme va chez un changeur, qui lui donne 5,000 fr. en monnaie française, l'argent étant *au pair du 15 1/2*. Il fit pour 5,000 francs d'achats à Paris. Ses affaires terminées, il retourna au Mexique, emmenant avec lui un de ses parents qui emportait 5,000 fr. d'or. Le change étant au pair, notre français échangea ses 5,000 fr. d'or contre 1,000 piastres à Mexico.

Vingt ans plus tard, en 1894, ce même Barcelonnette est revenu à Paris, porteur encore de 1,000 piastres mexicaines. L'argent étant déprécié de 50 0/0, il ne toucha chez le changeur que 2,500 fr., et il dut quitter Paris plus tôt qu'il n'aurait voulu n'ayant fait que pour 2,500 fr. d'achats. De nouveau il emmena avec lui un parent qui emportait 5,000 fr. en or et billets de banque, qu'il échangea contre 10,000 fr. de la monnaie du pays ; à son grand étonnement, il constata que si les marchandises françaises avaient doublé de prix, comme la monnaie française, les produits d'origine indigène, avaient à peu près conservé, en monnaie mexicaine, leurs anciens prix de 1873, et c'est ainsi qu'il put acheter deux fois plus de produits qu'en 1873 (1).

Ce trait nous donne une explication saisissante, palpable de la crise actuelle et nous fait toucher du doigt, beaucoup mieux que tous les raisonnements, la cause de la baisse du blé et de nos autres produits.

Avant 1873, la pièce de cent sous valant cent sous partout, nos exportations, nos vins, par exemple, valaient, sauf les frais de transport et de douane, le même prix à Mexico qu'à Paris. Après 1873, ils valent le double à Mexico et dans les pays à étalon d'argent; de là, la diminution de nos exportations dans les pays à monnaie d'argent, et *l'augmentation des leurs chez nous.*

Aussi, sont-ils en pleine prospérité. Il résulte, en effet, des statistiques, que la République Argentine, par exemple, qui, en 1883, n'exportait que 300 millions de marchandises, en exportait, en 1892, 565 millions. En 1889, elle exportait seulement 22 mille 800 tonnes de blé, et, en 1894, 1 million 806 mille. Ce pays a vu ainsi sa production de blé tripler en dix ans, et ça

(1) D'après les rapports des consuls anglais sur les principaux points du monde, la valeur des choses n'a pas changé dans les pays à étalon d'argent.

2

été de même, plus ou moins, dans tous les pays à monnaie d'argent, tandis que les États-Unis sont restés stationnaires, après avoir baissé prodigieusement depuis 1884. Le commerce du blé ne va plus chez eux, il va, au contraire, dans les pays à étalon d'argent.

Au point de vue industriel, l'Angleterre n'a pas tardé à être supplantée par les Indes anglaises, qui ont vu émigrer chez elles les manufactures de Manchester; et c'est ainsi que les broches à filer le coton, qui, en 1873, n'étaient à Bombay que de 450,000, sont aujourd'hui au nombre de plus de deux millions 1⁄2. C'est ce qui a amené l'Angleterre, pour sauver son industrie et conjurer le péril, à arrêter la frappe de l'argent aux Indes.

Pour bien faire comprendre au lecteur l'importance de *la valeur relative* de la monnaie française et des monnaies étrangères, au point de vue de la vente de nos produits, du blé en particulier, je crois bon de mettre sous ses yeux le cours du change.

—

Cours du Change au 13 Mars 1896

Cent francs en or ou en billets de banque français valent à l'étranger:

Allemagne,	100 fr.	18
Angleterre,	100	03
Autriche-Hongrie,	100	57
Belgique,	100	19
Espagne,	118	43
Grèce,	172	»»
Hollande,	101	11
Italie,	110	33
Russie,	149	44
Suisse,	100	56
Etats-Unis,	100	56
Mexique,	199	26
République-Argentine,	311	50
Chili,	273	22
Brésil,	277	59
Indes,	154	54
Japon,	184	58
Chine,	185	82

Vous allez donc dans la République-Argentine avec 100,000 fr. d'or ou de billets. Le changeur vous donne 311 fr. 50 de la monnaie du pays. Vous achetez, je suppose, le blé à 12 fr. le quintal. En réalité, il ne vous coûte que 4 fr. A ce prix, il est bien facile de l'amener sur les marchés européens à 10 fr. C'est ce qui fait que malgré les droits d'entrée de 7 fr., il ne vaut sur le marché de Paris que 18 fr. 25 à 18 fr. 50.

Et cette situation ne peut que s'aggraver, parce que les deux tiers environ des Etats sont à étalon d'argent, alors qu'un tiers seulement a adopté l'étalon d'or.

Quel est le remède ? Le retour pur et simple à la frappe libre de l'argent, ou une convention internationale établissant entre l'or et l'argent un rapport fixe, qui rendrait à l'argent son ancienne fonction d'échange international. Tel est le sens du vœu émis par l'Assemblée générale de la Société des Agriculteurs de France, dans sa séance du 14 février 1895.

Quelques jours après, le 18 février, l'*Association de l'Industrie et de l'Agriculture françaises* votait, à l'unanimité, le vœu suivant :

« Considérant que la baisse de l'étalon d'argent par rapport à l'étalon d'or n'est due qu'aux mesures législatives prises en faveur de l'or, au détriment de l'argent, par l'Angleterre en 1816, par l'Allemagne en 1871, par les Etats-Unis et les Pays-Bas en 1873, par la France et les pays de l'Union latine en 1873 et en 1876, enfin par le gouvernement indien de Londres en 1893 ;

« Considérant que le rétablissement du pair entre les deux étalons peut seul rendre à l'agriculture et à l'industrie le moyen de vivre et de soutenir la concurrence. »

« L'Association émet le vœu que le gouvernement prenne l'initiative d'une entente internationale en vue de décider : 1° l'établissement d'un rapport de valeur fixe entre les deux étalons ; 2° l'ouverture des hôtels des monnaies de toutes ces nations à la libre frappe de l'or et de l'argent dans le rapport de valeur ainsi établi par elle. »

Ce vœu, avec ses considérants, fut adopté le 25 février suivant, par la *Société nationale d'encouragement à l'agriculture*, réunie en assemblée générale.

A peine un mois après, le 23 mars, une ligue, dite *Ligue nationale bimétallique, était fondée.*

Ce fut cette ligue qui, le 10 décembre 1895, provoquait, à Paris, un congrès bimétallique international.

Les ligues Anglaise et Allemande envoyèrent leurs délégués.

La conférence dura trois jours, l'accord s'établit promptement entre les représentants des trois ligues, Française, Anglaise et Allemande, qui déclarèrent que la question du bimétallisme devait sortir de la période d'études pour entrer dans celle de l'action. Et actuellement, les gouvernements Français, Anglais et Allemand sont saisis d'une proposition identique, sur les termes de laquelle, français, anglais et allemands se sont mis complètement d'accord.

En France, par les soins de M. Méline, appuyé de 347 députés, 17 mars 1896 ; en Angleterre, sur la demande de M. Withelg, 18 mars 1896; en Allemagne, sur la proposition de M. de Kardorff, d'abord, 15 février 1895, et ensuite sur celle du comte de Mirbach, 16 mai 1896, et aussi en Autriche, 16 mars 1896. En Russie, aux Etats-Unis, en Belgique, c'est le même mouvement.

Cependant, faut-il chanter victoire ? Peut-on espérer que dans un avenir, plus ou moins éloigné, le bimétallisme international passera de la théorie à la pratique ? Beaucoup d'hommes sérieux ont des doutes et même des craintes.

M. Théry, lui-même, le grand promoteur du bimétallisme, laissait dernièrement échapper cet aveu (1) : « Est-ce à dire qu'après le vote de la motion commune par les trois parlements, Français, Anglais, Allemand, le bimétallisme international sera un fait accompli ? Nullement, nous connaissons trop bien la résistance que les grands banquiers internationaux font, dans tous les pays de l'Europe, au bimétallisme, pour considérer ce

____

(1) Bulletin de la Ligue nationale bimétallique, n° du 15 avril 1896.

premier vote comme une victoire décisive. »

Il faut bien le dire, ce sont ces banquiers qui sont les maîtres de la destinée des nations et qui gouvernent réellement la plupart des Etats européens. L'argent est trop encombrant, il pèse trop, il occupe cinquante-six fois plus de place que l'or, et les gros banquiers internationaux veulent pouvoir concentrer dans leurs caisses, *la plus grande quantité possible de richesse, sous le plus petit volume possible.*

Espérons, néanmoins, et travaillons tous énergiquement pour renverser un état de chose qui est une des causes de la ruine de l'agriculture.

CHAPITRE III

L'admission temporaire en franchise des blés étrangers

L'admission en franchise des blés étrangers à leur entrée en France fut inscrite dans la loi douanière du 11 janvier 1892.

La pensée du Législateur était de favoriser la meunerie française en lui ménageant un moyen d'exportation ; mais, de fait, elle ne favorise que les blés étrangers en leur facilitant l'entrée en France. Et, à l'heure actuelle, il n'y a plus aucun doute, il en résulte une accumulation dans les entrepôts qui ouvre la voie à la spéculation, en même temps qu'elle fait baisser les cours par l'encombrement du marché.

Non seulement cette loi favorise le minotier, mais tout agioteur, qui pour une raison ou une autre, de commerce ou de spéculation, peut, s'il le veut, selon les circonstances, transformer son admission temporaire en admission définitive, en payant les droits de douane.

De plus, l'admission temporaire est

une véritable prime à la fraude, ou, pour parler un langage plus voilé, une *fissure* dans notre tarif douanier.

D'autre part, l'admission temporaire ne favorise que les meuniers des ports et des frontières ; les frais de transport ne permettent pas, en effet, à ceux du Centre, d'en bénéficier.

Je m'explique : l'admission temporaire jouit de la franchise parce qu'elle porte avec elle la condition de la *réexportation* sous forme de farine. Le minotier qui l'introduit se fait délivrer un acquit à caution. Cet acquit doit être *apuré*, dans le délai fixé, par une quantité équivalente de farine. *exportée*. Jusqu'ici, rien que de régulier et d'honnête ; mais voici la fissure : 100 kilog. de blés moulus donnent non pas 100 kilog. de farine, mais de mouture, mélange de farine et de son. La séparation ou le blutage se fait avec des tamis. La finesse de la farine, comme la quantité de son et d'issues, sont donc en proportion de la finesse des tamis ; de là les différents types de farines : 50, 60, 70, 80, 90 %.

A 50 %, il résulte 50 kilog. d'issues ; à 60, 40 kilog. ; à 70, 30 kilog. ; à 80, 20 kilog. ; à 90, extrême limite du blutage, 10 kilog.

Ceci posé, voici comment le mino-tier *fait apurer* ses acquits : il a in-troduit en France 100 kilog. de blé ; il exporte, en échange, de la farine au type, par exemple, de 60 %, et à la douane on lui donne décharge. Il lui reste donc 40 kilog. d'issues, sur les-quelles il ne lui est pas difficile de trouver, par un nouveau blutage, de 10 à 15 kilog. de farine, selon le blé, *indemnes de tout droit.*

Autrefois, l'extraction normale était 70 %. Maintenant, il y a des types depuis 60 jusqu'à 40 et même 30 %. Le tarif lui-même de la loi douanière du 11 janvier 1892 suppose des rende-ments de 70 à 60 % et de 60 et *au des-sous.* Il y a donc là une porte ouverte à la fraude et à des bénéfices scanda-leux. C'est ce qui explique comment les blés étrangers, reçus en admis-sion temporaire, n'ont cessé d'aug-menter depuis quelques années. Ils ont été en 1894 de 3 millions 855,000 quintaux et en 1895 de 5 millions 331,692. Et d'après les relevés publiés par l'administration des douanes, les importations de blé en admission temporaire pour les quatre premiers mois de l'année 1896, pour la mino-terie, ont été de 1 million 889,000 quin-taux, en augmentation de 33 1/2 % sur les quatre premiers mois de 1895.

Ce qui devrait faire ouvrir les yeux,

c'est ce fait que les admissions temporaires augmentent à mesure que les importations ordinaires diminuent : ainsi, en 1895, les importations ordinaires n'ont été que de 4 millions 507 mille quintaux contre 5 millions 331 mille 692 pour les importations en franchise.

L'admission temporaire apparaît donc de plus en plus nettement comme un moyen de faire entrer en France les blés étrangers, au détriment des blés français.

Les Entrepôts fictifs

Ce qui aggrave encore le péril, ce sont *les entrepôts fictifs*.

On appelle entrepôts fictifs *des magasins particuliers*, où la loi vous donne la faculté de garder les blés étrangers, sans payer de droits, et cela pendant un délai *maximum de deux ans* (1). C'est ainsi que des spéculateurs hardis n'hésitent pas à constituer et à entretenir sur notre territoire, un stock considérable de blés, qu'ils peuvent, à un moment donné, jeter sur le marché. C'est ainsi, comme nous allons le voir, que, en prévision du relèvement des droits, qui, de cinq francs furent

____

(1) Les magasins réels sont ceux de la douane. Le délai est de trois ans.

portés à sept francs, en février 1894, plus de trois millions de quintaux de blé furent tirés des entrepôts français, *dans le seul mois de janvier*, et annulèrent la surtaxe de deux francs.

Avec la facilité et la rapidité des communications et des transports, ce délai, qui, autrefois, pouvait s'expliquer en prévision d'une éventualité de disette, n'a plus maintenant sa raison d'être, il devient une menace, car c'est un puissant instrument de spéculation et une des causes principales de l'avilissement du prix de nos blés. *Il ne peut pas servir, il ne peut que nuire*. C'est donc à juste titre que la Société des Agriculteurs de France demande, depuis plusieurs années, que le délai soit ramené à trois mois, avec une taxe spéciale, et une surveillance sérieuse des entrepôts fictifs.

Trafic des Acquits-à-caution

Les blés étrangers introduits en France sous le régime de l'admission temporaire en franchise sont, comme nous l'avons vu, accompagnés d'un acquit-à-caution de transit, que l'expéditeur doit faire apurer, c'est-à-dire dont il doit obtenir décharge, dans un délai fixé, trois mois.

L'apurement de l'acquit-à-caution peut se faire de deux manières, soit par la réexportation d'une quantité équivalente de farine, soit par le payement du droit de douane de 7 fr.

Or, tout le monde peut bénéficier de l'admission temporaire. Ce sont souvent des minotiers, mais ce sont encore plus souvent des spéculateurs, des agioteurs. Ils payent les droits, mais on leur donne sur leur demande et sans désignation certaine un acquit-à-caution *cessible* et *remboursable* par l'Etat. Ce sont ces acquits qui sont l'objet d'un trafic frauduleux et une des causes de l'avilissement, chez nous, du prix du blé, par suite de l'accumulation de blés étrangers.

Je suis donc spéculateur, commerçant, si vous aimez mieux. J'introduis 100,000 quintaux de blé sous le régime de l'admission en franchise. Je paye les droits, ce qui, à 7 fr., me fait sept cent mille francs, et on me donne des acquits-à-caution *cessibles*.

Je les passe à un, deux, dix minotiers qui *réexporteront* mes 100,000 quintaux en farines, et se feront rembourser par l'Etat les acquits-à-caution. Mais, bien entendu, la cession ne se fait pas sans des conditions avantageuses; tout le monde y trouve son profit, et l'introducteur, et les minotiers, et, en fin de compte, c'est le marché français qui en souffre, car toute accumulation de marchandises pèse toujours sur les cours.

Dans le principe, le législateur pensait que l'admission en franchise, les acquits-à-caution, les entrepôts tourneraient au bien commun. Mais, à l'heure actuelle, l'expérience est faite, il n'y a plus de doute, ces mesures sont beaucoup plus nuisibles qu'utiles et ne favorisent que les blés étrangers, au détriment des blés français ; aussi les réclamations sont générales. Depuis plusieurs années, la Société des Agriculteurs de France, se faisant l'interprète des plaintes et des souffrances de l'agriculture, ne cesse de protester contre cet état de choses et de solliciter des pouvoirs publics, par des vœux répétés, une réforme radicale du régime de l'admission temporaire, qui est avant tout un régime de faveur pour l'importation des froments étrangers.

De toutes les études récentes qui ont été faites, il résulte que ce n'est pas la production du blé qu'il faut chercher à restreindre, car cette production ne suffit pas encore aux besoins de notre consommation. Ce qu'on doit s'efforcer de réduire, c'est le stock énorme de froment accumulé par l'effet de notre législation, qui établit des droits de douane, mais qui,

en fait, retire les moyens de les appli-
quer (1).

Conformément à cette pensée, la
Société des Agriculteurs de France a
émis le vœu suivant dans sa séance
du 9 mars 1896 :

« Considérant que le régime de
l'admission temporaire ne favorise
que les blés étrangers, à l'exclusion
des blés français ;

« Que la faculté d'apurer un acquit-
à-caution pris pour l'entrée de 100 ki-
logrammes de blé, par la sortie de 60
kilos de farine, laisse entre les mains
de la meunerie 40 kilos de produits,
d'où le blutage retiré de la farine et
du son ;

« Que le bénéfice de ces 40 kilos,
qui se décomposent ultérieurement
en 10 kilos de farine et 30 kilos de
son, laisse aux mains des importateurs un bénéfice qui annule et rend
inefficaces les droits de douane ;

« Emet le vœu :

« 1° Que le régime de l'admission
temporaire, source de fraudes à l'in-
fini, soit remplacé par un droit toujours payé à l'entrée ; et qu'aucune
différence n'existant plus entre le blé
étranger, qui a acquitté les droits et

____

(1) En ce moment (août 1896), le stock de
froment en entrepôts dépasserait 95 millions de quintaux.

le blé français, le droit soit remboursé à la sortie des douanes, quelle que soit la provenance et la frontière ;

« 2° Que l'Etat, dans la classification des droits à rembourser à la sortie, décompte l'équivalent des droits afférents à la portion des produits restant dans les mains de l'importateur, pour enlever tout bénéfice à la fraude. »

Du reste, le gouvernement s'en est ému et il a fait établir, par le Conseil supérieur de l'agriculture, des modifications aux types anciens de farines destinées à l'exportation, et ces modifications M. Méline vient, par un décret, de les rendre exécutoires.

Ce décret crée un nouveau type de farine à 50 0|0 d'extraction pour les blés tendres, et supprime le type à 90 0|0, et aussi le type de semoules de blé dur rendant 55 kilos, et le remplace par un type à 50 0|0 d'extraction.

De plus, tous les bureaux restent ouverts pour l'importation des blés, mais la réexportation des farines est répartie en cinq zones : 1° de Rouen à Valenciennes ; 2° de Charleville à Epinal ; 3° de Belfort à Montpellier ; 4° de Perpignan à Bordeaux ; 5° de la Rochelle à Saint-Malo.

Mais, du moment que les entrepôts

fictifs ne sont pas supprimés, que l'admission en franchise avec ses acquits-à-caution, dont on peut trafiquer, est maintenue, ce décret ne donne à l'agriculture qu'une bien petite satisfaction, les spéculateurs ne désarmeront pas, ils sauront bien élargir les mailles du réseau de notre régime douanier, et y créer de nouvelles fissures.

Coup d'œil rétrospectif sur nos Lois douanières
La Loi dite « Loi du Cadenas »

Le régime économique, sous lequel nous vivons, date de 1860.

Jusqu'en 1884, les blés étrangers entrant en France ne payaient qu'un droit de statistique de 0,60 c. par 100 kilos.

Le prix du blé était alors de 23 fr. 25 le quintal. Ce fut l'année suivante, le 28 mars 1885, que fut votée la loi qui établissait un droit de douane de 3 fr. sur les blés étrangers.

Malgré ce droit, le prix du blé descendit à 21 fr. 60 en 1885, il fut de 21 fr. 70 en 1886.

En présence de cette baisse persistante, le Parlement porta le droit d'entrée à 5 fr. par la loi du 29 mars 1887.

Ce droit fut appliqué pendant quatre années, de 1887 à 1891, et fit remonter le cours du blé de deux, trois, jusqu'à cinq francs ; nous le trouvons, en effet, à 26 fr. 70 en 1891. La récolte avait été compromise par l'hiver rigoureux de 1890-1891. Il y eut un moment de panique ; ce fut alors que, devant un mouvement de l'opinion, provoqué par la crainte et augmenté, exagéré par une certaine presse, les Chambres, sur la proposition de M. Viger, votèrent, presque sans discussion, la réduction du droit de 5 fr. à 3 fr. (Loi du 2-3 juillet 1891.)

Aussitôt on vit affluer sur le marché les blés, que les spéculateurs avaient achetés en vue du coup qui se préparait et qu'ils tenaient tout prêts à la frontière ; c'est ainsi qu'à partir de juillet 1891 jusqu'à la fin de 1892, il fut importé en France plus de 50 millions d'hectolitres de blés étrangers.

Cette énorme quantité de blé eut pour résultat d'écraser les cours *qui ne se sont jamais relevés depuis*. On peut même affirmer que le stock accumulé en 1891-1892 pèse encore sur le marché. En effet, en 1893, malgré le rétablissement du droit de 5 fr., le blé tomba à 20.95, bien que les douanes n'accusent, pour cette année, qu'une importation de 12 millions 800 mille hectolitres.

Mais l'agriculture souffre, et nous voyons le gouvernement, cédant aux plaintes et aux vœux qui lui arrivent de toutes parts, déposer enfin un projet de loi portant relèvement du droit de 5 fr. à 7 fr. La loi fut votée le 24 février 1894, mais la discussion dura presque deux mois, du 1er janvier au 24 février. Pendant ce laps de temps, six millions de quintaux de blés étrangers furent introduits en France. Ce fut le dernier coup ; malgré le droit de 7 francs, le blé tomba à 19 fr. 70 pendant les 9 premiers mois et à 17 fr. 10 en octobre, pour se relever à 18 fr., 18 fr. 50, prix qu'il n'a jamais dépassé depuis, bien qu'il n'y ait eu en 1895 que six millions d'hectolitres importés et bien que la diminution persiste encore en 1896.

Pour remédier à cet état de chose et mettre obstacle à l'accumulation en France des blés étrangers, la Société des Agriculteurs de France a été une des premières à demander le rétablissement de la *loi du cadenas*, édictée pour la première fois le 19 décembre 1814 (art. 34).

La substance de cette loi est celle-ci :

Dès qu'un projet de relèvement du droit de douane des blés étrangers est présenté par le gouvernement et inséré au *Journal officiel*, de ce jour tout blé qui entre en France paye le droit comme s'il était voté, à charge de remboursement à l'importateur, s'il n'est pas voté par les Chambres.

De fait, si cette loi eût existé, 6 millions d'hectolitres de blé ne seraient pas entrés chez nous pendant la discussion de la loi de relèvement du 24 février et ne pèseraient pas encore sur le marché. Ce n'est pas une loi d'occasion et de circonstance, mais d'intérêt général. Ce qui a eu lieu en 1894 peut se renouveler, et nous devons être armés, le cas échéant, pour empêcher des importations dont l'effet est de rendre une loi inutile.

Jusqu'à ces derniers temps, cette loi était restée à l'étude ; tout dernièrement, la commission des douanes de la Chambre des députés et la commission permanente du Conseil supérieur de l'agriculture ont examiné et adopté un projet de loi dont voici le texte :

« Tout projet de loi présenté par le gouvernement et tendant à un relèvement des droits de douane sur les céréales et leurs dérivés, sur les vins, les bestiaux et les viandes abattues, sera inséré au *Journal officiel*, à la suite du compte rendu de la séance où il aura été déposé.

« Le jour même de cette insertion, dès l'ouverture des bureaux, les nouveaux droits seront applicables à titre provisoire.

« Le supplément de taxe ne sera définitivement acquis au Trésor qu'après le vote de la loi. Si le projet du gouvernement était retiré ou rejeté par les Chambres, ou adopté seulement en partie, la différence entre le droit perçu et celui qui serait légalement maintenu ou établi, devra être remboursée aux déclarants. »

Puisse ce projet, adopté par M. Viger quand il était ministre de l'agriculture, aboutir et être voté le plus tôt possible !

CHAPITRE IV

Les Marchés à terme fictifs

Nous venons de voir la grande action qu'exercent sur le cours du blé le change et les admissions temporaires en franchise, mais, beaucoup de bons esprits pensent que le vrai mal n'est pas là et croient, avec le docteur Ruhland, que *la cause principale vient de la spéculation et des marchés à terme fictifs.*

Si nous consultons les moyennes quinquennales, nous constatons que, sauf une dizaine de millions d'hectolitres, la France récolte assez de blé pour se nourrir; et, de plus, elle est protégée par un droit de 7 francs; comment alors expliquer la surabondance des importations de blés exotiques? tout simplement parce que les spéculateurs en ont besoin. Pour leurs manœuvres : ce sont des auxiliaires, des atouts dans leur jeu.

Je m'explique : Ces marchés à terme, dont il est ici question, ne sont pas des marchés *fermes*, mais *fictifs*, sans aucune livraison, on achète et on revend 10, 15, 20, 50 fois des marchandises qui n'existent pas — *du blé-papier* — uniquement pour bénéficier des différences et des fluctuations qui sont la conséquence nécessaire de cet agiotage.

Il résulte d'un travail de M. W. Smith, qui a exercé pendant 30 ans la profession de courtier à Liverpool, que le jeu sur les céréales a pris, depuis quelques années, un énorme développement.

C'est surtout à partir de 1889 que nous voyons la spéculation prendre, en Angleterre, à l'image de l'Amérique, une extension considérable, et l'on peut dire que, depuis, elle a pris possession de tous les marchés de l'Europe.

La pratique ayant démontré qu'il n'y a de gros gains à réaliser que dans *la spéculation à la baisse,* il y a, nous dit M. W. Smith, neuf baissiers ou vendeurs, contre un haussier ou acheteur. Et c'est en cela que leur servent les quantités énormes de blés importés. N'allez pas croire que les spéculateurs se préoccupent des besoins réels du commerce et des nécessités de la consommation, c'est le moindre de leurs soucis. Ils veulent beaucoup de blé en magasin et ils en tiennent des milliers de quintaux tout prêts, à la frontière, comme moyen d'action et comme une menace, pour provoquer la baisse et faire réussir leurs opérations.

Si, contre leur attente, la hausse se produit, ils n'hésitent pas à jeter sur le marché 10,000, 20,000 quintaux de blé, pour faire fléchir les cours; ils perdent, il est vrai, sur ces 20,000 quintaux de blé réel, mais ils se rattrapent sur les cent mille de *blé papier*, qui font l'objet de leurs opérations à la baisse.

Parmi ces spéculateurs il y en a qui ont, en magasin, des quantités énormes de blé; il semblerait qu'ils auraient intérêt à faire monter les cours, nullement; encore une fois, c'est une arme. Ils perdront comme vendeurs, ils le savent bien, mais ils gagneront comme spéculateurs. Car, s'ils détiennent 15 ou 20,000 quintaux réels, ils jouent dans leurs marchés sur des centaines de mille de quintaux fictifs.

Ces gens-là sont parfaitement renseignés, ils savent jour par jour le prix du blé sur les différents marchés du monde, ils ont à leur disposition, l'argent, le crédit, la presse, les *syndicats internationaux*, ils sont capables de tout pour tromper le public et fausser l'opinion, et assez puissants pour faire, à leur gré, la hausse ou la baisse.

C'est, avant tout, *une spéculation cosmopolite*, qui répudie toute notion de patrie. Et ce qui accentue le péril, c'est ce fait que le grand commerce des céréales en France est accaparé par 11 maisons, dont 6 ont des étrangers à leur tête.

D'autre part, un très petit nombre de mains se le partagent dans le monde entier.

L'entente entre ces différentes maisons et la spéculation, voilà donc les deux causes principales des souffrances de l'agriculture ; les autres : le change, les admissions temporaires, les entrepôts fictifs apportent, sans doute, un contingent qui n'est pas négligeable, mais le dernier coup, le coup de massue, lui est porté par les marchés à terme fictifs.

La législation sur la liberté des marchés à terme fictifs date de 1885. On ne saurait dire le mal que les spéculateurs ont fait depuis, et combien ils ont faussé le marché, *en multipliant les apparences de récoltes.* C'est, en effet, l'agiotage sur le blé *qui n'existe pas,* qui règle le cours du blé *qui existe.*

En Allemagne on s'est parfaitement rendu compte de cette situation. Aussi le Reichstag a-t-il voté récemment l'interdiction de ces marchés fictifs sur les céréales, et la nouvelle loi soumet les bourses du commerce à un contrôle sévère.

En Russie, le marché fictif est assimilé à la tenue d'une maison de jeu et considéré comme un délit.

L'Autriche et l'Amérique se disposent à prendre des mesures analogues.

En Angleterre, M. W. Smith a proposé un projet de bill qui se résume en deux articles :

« 1° Sont illégales toutes les ventes fictives à terme de produits qui n'existent pas.

« 2° Les seules ventes à terme autorisées sont celles dans lesquelles ou les vendeurs sont actuellement en train de produire les marchandises, objet de la vente, ou les possèdent, ou les ont achetées, au moment même de leur vente à terme, ou les ont actuellement livrées. »

M. W. Smith veut que le produit, qui fait l'objet d'une vente à terme, *soit existant, ou pendant,* comme une vendange, ou du blé sur pied, que seul peut anéantir un cas de force majeur. C'est là le vœu du commerce honnête, en Angleterre, en Amérique et dans toute l'Europe.

En France, on commence à s'émouvoir des conséquences de cette loi du 28 mars 1885, qui laisse toute liberté à l'agiotage, et un député du Pas-de-Calais, M. Rose, en demande l'abrogation, avec la modification de l'article 419 du Code pénal.

Conclusion

Tout dernièrement, le 28 juin 1896, M. Méline disait dans un discours, à Soissons : « Ramener les bras, les capitaux, les intelligences à la terre, voilà le but supérieur à atteindre, la grande œuvre sociale à accomplir, la question qui domine toutes les autres et qui est la clé de toutes les autres ».

On ne saurait certainement prononcer de plus belles paroles ; mais tant que le blé vaudra 18 fr., essayer de ramener les bras à la terre est une chimère ; chimère aussi d'essayer d'y ramener les capitaux et les intelligences. Chimère encore d'espérer d'atteindre ce but supérieur — et social. — Au blé à 18 fr., l'agriculture n'est pas une clé *qui ouvre*, c'est plutôt *une clé qui ferme*, car toutes les prospérités se touchent et se tiennent. Quand l'agriculture est prospère, tout est prospère. Quand elle souffre, tout souffre avec elle.

DEUXIÈME PARTIE

Que faire en présence de la baisse persistante du blé ?
Y a-t-il quelques moyens de remédier au mal ?

La question que nous venons de poser est très grave ; il faut l'envisager froidement et chercher résolument les moyens de salut.

Pouvons-nous espérer, dans un avenir plus ou moins éloigné, un changement à l'état de choses actuel ? Je le désirerais, mais je crains bien que nous attendions longtemps, car s'il y a crise, pour les motifs que nous avons exposés : le change, les admissions temporaires et les marchés fictifs à terme, il y a aussi, selon l'expression du baron de la Bouillerie, *évolution agricole.* « Nous sommes, dit-il dans son rapport à la Société nationale d'agriculture, en face de

facteurs nouveaux : d'un côté, la facilité, la rapidité des transports, qui
ont singulièrement rapproché les distances; de l'autre, le *machinisme mo-
derne*, qui décuple la puissance de
l'homme, non seulement en production industrielle, mais aussi en fécon-
dité culturale; un niveau général des
prix de chaque marchandise se con-
stitue de plus en plus; il suffit qu'une
denrée soit produite à moins de frais,
sur un point quelconque du globe,
pour qu'elle fléchisse dans le monde
entier. »

Il conclut : « Le cultivateur, au lieu
de se lamenter, doit regarder en face
le nouvel état de choses et modifier
ses procédés. »

Il y a beaucoup de vrai, dans ces
paroles, et nous y trouvons matière à
de sérieuses réflexions.

Autrefois, la disette entraînait toujours la cherté et l'abondance la
baisse des prix; maintenant, par l'effet du rapprochement des distances
et de la rapidité des communications,
le niveau ne tarde pas à s'établir,
nous en sommes quittes pour faire
venir d'ailleurs ce qui nous manque
et l'abondance des uns comble le déficit des autres, sans augmentation
sensible de prix. C'est là la grande
évolution agricole, avec laquelle il
faut compter. *Les nations du monde*

ne font plus maintenant, pour ainsi dire, qu'un peuple.

En présence de cet état de choses, le cultivateur doit abandonner les errements anciens et modifier ses procédés. Il doit, comme l'on dit, changer son fusil d'épaule et renoncer, selon les circonstances, à telle culture, pour une autre plus avantageuse, à tel commerce pour un autre plus rémunérateur.

Les remèdes à la situation peuvent se résumer principalement dans le trois points suivants :

1° Donner une grande extension à la culture des plantes fourragères, pour faire de la viande et du fumier ;

2° Restreindre la culture du blé aux bonnes terres et viser les rendements supérieurs ;

3° Employer le blé dans l'alimentation et l'engraissement du bétail.

CHAPITRE Iᵉʳ

Donner une grande extension à la culture des Plantes fourragères pour faire de la viande et du fumier

Autrefois on faisait de l'argent principalement avec le blé, maintenant il faut surtout penser à en faire avec le bétail.

De tout temps, le fumier a été le nerf de la culture, mais elle n'est devenue réellement progressive qu'à partir des prairies artificielles, parce que avec les plantes fourragères, non seulement on peut faire de la viande, mais beaucoup de fumier ; aussi j'estime que le meilleur conseil qu'on puisse donner aux cultivateurs, c'est celui de faire beaucoup de plantes fourragères ; légumineuses et plantes sarclées.

Les légumineuses ont cela de merveilleux qu'il y en a pour tous les terrains et pour toutes les époques. Si le sol ne convient pas à la luzerne il peut convenir au sainfoin, aux trèfles ou aux vesces, etc., etc., d'autre part, le seigle est un très bon fourrage, précoce, et à l'automne il y a les récoltes dérobées : vesce, pois gris, fèves, féveroles, navets, sperques, serradelle, moutarde blanche, maïs, colza, sarrasin et toutes plantes à végétation rapide, susceptibles de donner une bonne coupe en arrière-saison, ou propres à être enfouies, comme engrais vert, avant l'hiver. En un mot, on peut, si l'on veut, se créer des quantités considérables de fourrages, sans parler des pommes de terre, des betteraves, carottes, choux et navets qui entrent pour une si grande part dans l'alimentation et l'engraissement du bétail.

Il n'y a pas bien longtemps, je donnais ces conseils à un jeune fermier un peu découragé. Mais, me dit-il, ce sont les étables et les locaux en général qui font défaut, et d'un autre côté, la crise qui a déjà commencé sur les porcs, ne tardera pas à atteindre les vaches et les moutons.

Les locaux manquent, c'est vrai ; les vieilles fermes ne sont pas aménagées pour un nombreux bétail, et les étables et écuries sont mal conditionnées au point de vue de l'hygiène.

C'est un point qui appelle des réformes et des dépenses, dans l'intérêt aussi bien du propriétaire que du fermier.

Quant à la crise du bétail, je ne

pense pas qu'il y ait lieu de s'en préoccuper, et on ne voit à l'horizon aucune cause d'inquiétude sérieuse.

Depuis 20 ans, le prix du bétail a plutôt été en progressant qu'en diminuant, sauf en 1893, à cause de la sécheresse. C'est que le bétail n'est pas à la merci des spéculateurs comme les céréales, et cela vient aussi de ce que, depuis 50 ans, la consommation de la viande a toujours été en augmentant.

Si l'importation de la graisse et de la viande salée de porc est facile, il n'en est pas de même de la viande de boucherie.

Le transport du bétail vivant est difficile, coûteux ; il y a les maladies, les pertes, le mauvais état des animaux, les quarantaines, en un mot une foule de mécomptes qui paralysent la concurrence en cette matière, en diminuant singulièrement les bénéfices des importations.

Les arrivages *de la viande congelée*, qui nous viennent d'Amérique et d'Australie par grands steamers aménagés chacun pour 1,200 bœufs séparés en deux quartiers, ne doivent pas non plus nous inquiéter outre mesure, car outre un transport très coûteux, cette marchandise, au débarquement, est bien vite détériorée, si elle n'est pas promptement écoulée.

D'un autre côté, la viande congelée ne vaut pas la viande fraîche, qui lui sera toujours préférée.

Il y a donc là, quoi qu'il arrive, une source de bénéfice pour les cultivateurs.

Et quand bien même, sous les coups de la concurrence, nous verrions nos bestiaux baisser un peu, je ne persisterais pas moins à leur dire : faites des élèves le plus que vous pourrez, vaches, moutons, porcs ; engraissés avec vos produits, ils vous coûteront relativement peu et vous rapporteront certainement plus de 50 %.

Et maintenant, le fumier ! Il faut aussi le faire entrer en ligne de compte. S'il vous épargne pour 500, 1,000, 1,500 fr. d'engrais chimiques, n'est-ce pas à considérer ?

D'un autre côté, ce n'est pas sans raison, qu'on a appelé les légumineuses des plantes améliorantes ; c'est, à mon avis, le moyen le plus pratique et le moins coûteux de refaire les terres épuisées et de relever notablement le niveau fertile des mauvaises.

CHAPITRE II

Restreindre la culture du blé aux bonnes terres et viser les rendements supérieurs.

A quelles conditions la culture du blé, au prix actuel, peut-elle être rémunératrice? Telle est la question que se posent les agronomes.

Tous sont unanimes à répondre qu'il faut viser des rendements élevés, et à conclure qu'on n'atteindra ce résultat qu'en ne mettant en blé que les bonnes terres préalablement préparées par les labours et les engrais.

M. Desprez, l'éminent directeur des cultures expérimentales de Capelle (Nord), attribue les hauts rendements aux facteurs suivants :

1° Terres de première fertilité, élevées à ce haut degré par les labours préparatoires et les fumures;

2° Semences de première élite;

3° Appropriation des semences aux sols qui leur conviennent : dans les terres de premier ordre et riches en engrais, où la verse est à craindre, semer des variétés à tige raide, à fortes racines. Dans les sols secs, craignant l'échaudage, semer des variétés à maturité hâtive. Dans les terrains légers, semer les variétés peu avides d'engrais;

4° Assolement rationnel. C'est l'habitude générale de semer le blé après *une seule* plante sarclée : pommes de terre ou betteraves; M. Desprez sème son blé après *deux soles*, l'une de pommes de terre, l'autre de betteraves ou *vice versa*; d'après ses expériences, la différence de récolte *en plus* se chiffre par 5 à 6 hectolitres à l'hectare. M. Desprez est le premier de nos maîtres praticiens qui ait enseigné cela, avec preuves à l'appui, pendant plusieurs années consécutives, n'importe avec quelle espèce de blé.

Il est reconnu qu'un blé après pommes de terre ou betteraves réussit généralement bien, si surtout l'arrachage de la plante sarclée se fait de bonne heure et sans trop d'humidité. Cela vient de la fumure, des labours et des binages donnés aux pommes de terre ou aux betteraves. Deux soles, dans ces conditions, seraient donc la perfection de la préparation des terrains. Il est une autre raison qu'il est bon de signaler, c'est que le fumier ne produit pas son effet immédiatement. Le blé alors en bénéficie pour une très large part;

5° D'abondantes fumures.

M. Desprez, dans sa culture de Capelle, obtient couramment de 40 à 50 hectolitres à l'hectare. Ces récoltes exceptionnelles sont dues à la qualité des terres du Nord, aux soins et aux engrais ; quant à nous, nous ne pouvons pas avoir en général ces prétentions, mais je dis que nous devons et que nous pouvons atteindre au moins le chiffre de 25 à 30 hectolitres à l'hectare.

Pour cela, que faut-il faire ? Encore une fois, d'abord restreindre la culture du blé aux seules bonnes terres et ne pas se laisser dominer, comme nos pères, par cette pensée : mettre en blé le plus de terre possible.

Si autrefois vous cultiviez 20 hectares de blé, maintenant il ne faut plus en cultiver que 10 et faire produire à ces 10 ce que les 20 donnaient autrefois.

Nos pères emblavant en blé le plus de terres possibles, ne pouvaient pas les travailler et les fumer comme il convenait, il s'ensuivait qu'ils n'avaient d'abondantes récoltes qu'exceptionnellement, dans les années de blé. Nous, nous devons tendre *chaque année* à ce résultat, sauf les cas de force majeure, en ne négligeant aucune des conditions de succès.

Quelles sont ces conditions ? Celles indiquées par M. Desprez :

1º *La préparation du sol* par un labour profond, suivi de hersages, quelques mois avant les semailles ;

Ce labour profond, qu'on néglige trop, a pour effet d'améliorer le sous-sol et de le rendre accessible aux racines de la plante, en même temps qu'il la protège contre les excès de sécheresse ou d'humidité.

En 1893, les seuls blés qui aient résisté à la sécheresse étaient ceux que portaient des terres non seulement bonnes, mais profondément labourées. M. Dehérain a fait, à ce sujet, à Grignon, une expérience convaincante, en démontrant que les racines du blé peuvent aller jusqu'*à un mètre de profondeur et plus.*

Dans les années pluvieuses, ce sont encore ces terres qui souffrent le moins de l'humidité.

2º *Une abondante fumure bien comprise.* — Généralement on ne mène le fumier aux champs que quelque temps avant les semailles. Ce serait bien mieux si on l'enfouissait aux premiers labours, parce qu'il est reconnu, comme nous savons, que l'action du fumier n'est pas immédiate. Le fumier d'octobre ne commencera à produire son effet qu'au printemps, quand le blé naissant en aurait si grand besoin, pour prendre de la force avant l'hiver.

Les engrais azotés : fumier, sulfate d'ammoniaque, avant l'hiver, nitrate de soude après, si c'est nécessaire, sont les régulateurs de la récolte ; mais pour prévenir la verse, qui est toujours à craindre dans les bonnes terres fortement pourvues d'engrais, dans les années humides surtout, il faut y associer les engrais phosphatés, qui sont, de plus, l'élément du grain, en même temps qu'ils hâtent souvent de huit jours la maturation.

Dans le Nord, on fume à outrance, et malgré cela, malgré l'humidité, on a constaté que c'est la région où il y a le moins de verse, parce qu'on sait admirablement équilibrer les engrais phosphatés et potassiques avec les engrais azotés.

3° *L'emploi judicieux des engrais chimiques.* — Le fumier de ferme comme fond, les engrais chimiques comme complément : ainsi employés et judicieusement appliqués, ils portent en eux le facteur le plus puissant des rendements supérieurs.

4° *Choix des semences.* — Rappelons-nous les conseils de M. Desprez : Semences toujours d'élite, *mais appropriées aux différents sols.* C'est une imprudence de se laisser enthousiasmer par les belles apparences de blés nouveaux, comme de vouloir introduire des blés étrangers, qui ne sont pas acclimatés chez nous. Ce qu'il y a de mieux, de plus sage, c'est de s'en tenir *aux espèces locales, dites du pays,* bien sélectionnées, et qui ont fait leurs preuves.

Conclusion

La culture du blé est indispensable, d'abord pour l'alimentation publique, pour laquelle nous ne devons pas être tributaires des pays étrangers, ensuite pour les sons, les recoupes, les criblures, et particulièrement pour les pailles nécessaires à la nourriture du bétail et aux litières ; bien loin donc de décourager les cultivateurs, je leur dirai toujours : Faites du blé, n'imitez pas les Anglais qui n'en font presque plus, mais faites-le dans les conditions que nous venons d'exposer. Si au lieu dé 15 hectolitres vous en obtenez 30 à l'hectare, même à 18 francs, il sera encore rémunérateur.

CHAPITRE III

Employer le blé dans l'alimentation et l'engraissement du bétail.

L'objectif du cultivateur doit être de faire, avec ses produits, le plus d'argent possible.

Au prix actuel du blé, on doit s'accoutumer à le traiter comme une *matière première*, avec laquelle on peut faire de l'argent. La culture, en effet, est une industrie comme une autre, et la ferme peut être assimilée à une usine de production.

Me plaçant à ce point de vue, j'estime qu'il faut briser avec la routine et les préjugés, et je suis tout à fait de l'avis de M. Lechartier, qui, à une des dernières séances de la Société nationale d'agriculture, demandait si nous resterions toujours l'esclave du foin et de la paille, et si nous n'avions pas intérêt à faire entrer le blé dans l'alimentation et l'engraissement du bétail.

L'Amérique nous donne sous ce rapport un exemple suggestif. Le maïs y est cultivé sur une étendue considérable; l'abondance ayant fait baisser les prix et rendu la vente difficile, on en fit d'abord de l'alcool, puis on le transforma en jambons. Non seulement le maïs, mais aussi le blé et les pommes de terre sont devenus la matière première de l'élevage et de l'engraissement, et c'est Chicago qui les écoule dans le monde entier, en graisse, en jambons et en salaisons de tout genre.

Règles générales de l'alimentation des animaux

Les principes alimentaires qui concourent à entretenir la vie chez les animaux, sont au nombre de quatre : les principes plastiques ou matières protéiques, les principes respiratoires ou matières hydro-carbonées, les corps gras et les sels minéraux.

Les matières protéiques, désignées aussi sous le nom de matières albuminoïdes, sont composées de principes azotés ; ce sont elles qui donnent la richesse au sang et qui sont les éléments de la chair et du tissu musculaire, de là le mot de *plastique*.

Les matières hydro-carbonées comprennent l'amidon ou la fécule, le glucose, la dextrine, le sucre, les gommes, etc. On les appelle respiratoires, parce qu'elles servent à la respiration, en fournissant au sang du carbone et de l'hydrogène.

Les corps gras servent à renouveler la graisse nécessaire aux membranes séreuses, et spécialement aux articulations des os, pour accomplir leurs fonctions. Ils sont la base fondamentale de l'engraissement du bétail.

Les sels minéraux comprennent principalement les phosphates et les carbonates de chaux, dont les os des animaux sont presque exclusivement formés, puis le fer, le chlore et surtout la soude. Pour suppléer à l'insuffisance de la soude dans quelques aliments végétaux (les racines par exemple), on y ajoute du sel marin ; il a, de plus, la propriété d'exciter l'appétit. C'est un excellent condiment.

Un seul de ces principes alimentaires ne suffit pas, il faut la réunion des quatre : si vous soumettez un animal au régime exclusif de l'albumine, ou de la fécule, ou de la graisse, il ne tardera pas à périr. Or, le blé réunit *tous les éléments nutritifs.*

A l'analyse nous trouvons, en effet, que le blé contient pour 100 :

Amidon,	65,07
Matières azotées,	19,50
Dextrine,	7,60
Matières grasses,	2,12

Cellulose,   3
Matières minérales,   2,71

D'un autre côté, le seigle ne contenant pour 100 que 11 de matières protéiques, l'avoine 12, l'orge 10, le blé se trouve avoir une valeur nutritive supérieure d'un tiers au moins. De toutes ces considérations, il ressort qu'il ne faut pas hésiter à faire entrer le blé dans l'alimentation du bétail.

Il y a quelques mois paraissait un livre avec ce titre : *Le Blé à 27 francs les 100 kilos*. L'auteur, M. Gaston Devaux, après avoir dit tout ce qui se fait en Angleterre, en Allemagne, en Suisse, en Amérique, attache hardiment le grelot, car, en France, on est encore réfractaire à cette idée, et il démontre, chiffres à l'appui, que le même quintal qui, au marché, vaut 18 à 19 francs, ressortira au moins à 27, si au lieu de le vendre, on s'en sert comme de matière première pour l'élevage et l'engraissement du bétail.

En 1893, je connais des fermiers qui, complètement à bout de fourrage, nourrirent leur bestiaux avec du blé, qu'ils faisaient tout simplement cuire, et, à leur grand étonnement, leurs malheureuses vaches, et même leurs chevaux exténués de privations, revinrent, en quelques mois, à la vie et à la santé.

Encore une fois, il faut rompre avec les préjugés. Gardez, si vous le voulez, vos blés d'élite, mais faites manger ceux de 2e et de 3e qualité, transformez-les ainsi en élèves et en viande de boucherie, et ils vous ressortiront à plus de 25 francs le quintal.

Le Pain dans l'alimentation des Animaux

Le pain est la base de la nourriture humaine, mais s'il contient tous les principes alimentaires suffisants pour nourrir l'homme et soutenir ses forces, à plus forte raison aura-t-il les mêmes propriétés d'aliment et de vie pour les animaux, beaucoup moins délicats que nous.

De fait, ils en sont tous très friands, depuis les volailles de la basse-cour jusqu'aux bœufs, vaches et même les chevaux.

De tout temps, on a donné du pain aux chiens, de qualité inférieure sans doute, mais du pain cependant. Il a fallu la sécheresse de 1893 et les bas cours du blé pour faire naître l'idée d'en donner aux autres animaux ; depuis, elle a fait du chemin et elle commence à entrer dans la pratique, grâce à quelques hommes d'initiative qui, calculant le prix des rations, ont reconnu qu'aux prix actuels du blé il était plus avantageux d'en faire du pain pour la nourriture des animaux que de le vendre au marché.

Le frère Antonis, sous-directeur de l'Institut agricole de Beauvais, est un des premiers qui aient fait entrer le pain dans la ration des bestiaux.

C'était pendant la sécheresse de 1893. Il nourrit deux pouliches de deux ans, la première avec 1 kilog. de pain, la seconde avec 4 litres d'avoine par jour, et, pour complément, à chacune 3 kilog. de foin et 1 kilog. de son et de paille. Au bout de 5 mois, les deux animaux étaient aussi bien portants et aussi vigoureux l'un que l'autre.

Il fit la même expérience en 1894, avec pareil succès, sur deux génisses flamandes, qui reçurent chacune par jour, en deux fois, 2 kilog. de pain, et, comme complément et lest pour l'estomac, un maigre pâturage et 2 kilog., à chacune, de foin médiocre.

Ces essais, publiés dans les journaux, eurent un certain retentissement dans le monde agricole.

En même temps que lui, nous voyons M. de Beaurepaire, à Grivesne, dans la Somme, donner aussi du pain, en 1893, à tout son bétail : chevaux, vaches, porcs et volailles.

Nous voyons ensuite M. Cezilly, dans le Vexin, employer *le pain de ménage* et donner matin et soir, à ses chevaux, 1 kilog. de ce pain, au lieu de 5 litres d'avoine.

Puis, c'est M. Albéric de Marc, agriculteur dans l'Eure, qui, à l'exemple du frère Antonis, essaie le pain pour la nourriture de ses chevaux. A la date du 5 décembre 1894, il écrivait : « Comme l'année dernière, j'ai remplacé, depuis la Toussaint, la ration d'avoine de mes chevaux par une ration exclusive de pain : 5 livres de pain par jour, au lieu de 10 litres d'avoine, ce qui me fait une économie de 50 %. Outre cette économie, les résultats de cette nouvelle alimentation sont parfaits : bon état d'embonpoint, poil luisant, santé, vigueur et énergie. »

Mais l'expérience la plus importante et la plus décisive qui ait été faite, en cette matière, est celle de M. le marquis de Dampierre, en raison de sa haute personnalité. Il en a fait l'objet d'une communication, en 1895, à la Société nationale d'agriculture.

Il estime comme règle générale que 1 kilog. de pain peut avantageusement remplacer 3 kilog. de foin et 2 litres d'avoine.

Après sa communication et les intéressantes discussions qui ont suivi, la conclusion tirée par la Société nationale d'agriculture fut que le pain est un excellent aliment pour les chevaux, et, d'autant meilleur, que sa composition chimique se rapproche plus de celle de l'avoine et que sa teneur en eau est moins élevée.

Il fut aussi constaté que cette nourriture convenait surtout aux animaux n'ayant pas à produire de vitesse.

Economie. — Tous frais compris, il est reconnu qu'un kilo de pain, fait avec des *farines, non blutées*, de 2ᵉ et 3ᵉ ordre, revient tout au plus à 17 centimes, et à beaucoup moins si l'on y mêle par moitié ou par tiers des farines de seigle. Or, 1 kilo de pain équivalant à 4 litres d'avoine, on voit de là l'économie, et par conséquent l'avantage réel de la substitution du pain à l'avoine, qui vaut, tout au plus, 8 centimes le litre.

Digestibilité. — Le pain contient tous les éléments qui se trouvent dans la farine, éléments qui sont rendus beaucoup plus assimilables par la cuisson ; c'est ce qui fait qu'il ne produit jamais de troubles et d'accidents intestinaux chez les animaux. Il est donc essentiellement digestible et assimilable ; mais pour qu'il produise son maximum d'effet nutritif et bienfaisant, il faut que la farine soit pétrie *avec le moins d'eau possible*, que le pain ait peu d'épaisseur, de manière qu'il n'y ait, pour ainsi dire, que de la croûte, et qu'il soit bien cuit.

Il faut le donner *rassis*, c'est-à-dire 4 à 5 jours après la cuisson, coupé par morceaux et un peu émietté dans la mangeoire, mais jamais moisi. Dans ces conditions, il est très nutritif, et en raison du phosphate et des matières azotées qu'il contient, il concourt promptement à la formation de la charpente des animaux, de la chair et du tissu musculaire.

CHAPITRE IV

Explications et Détails pratiques

En France, l'usage du blé pour les animaux est peu répandu. Cependant, nous voyons quelques éleveurs dans la Bresse, dans la Sarthe et surtout dans l'Allier, l'utiliser avec succès dans l'engraissement.

On sait combien les beaux bœufs de la race nivernaise sont estimés et recherchés à la Villette. Or, nous dit M. Gaston Devaux, qui a réuni, sur cette matière, tous les renseignements possibles, « on termine toujours leur engraissement par du blé. On leur en donne, pendant le dernier mois, de 3 à 4 kilos bien cuit, tous les jours, et les éleveurs attribuent, en partie, à cette adjonction, les remarquables qualités de la viande de la race nivernaise ou charolaise ».

C'est surtout sur les chevaux que les essais ont été plus multipliés, et, il faut le dire, avec des déboires et des accidents qui ont découragé et jeté un discrédit sur l'emploi du blé.

Si des accidents se sont produits et se produisent tous les jours, c'est qu'on ne savait pas et qu'on ne sait pas encore s'en servir.

Ayant l'habitude de mesurer l'avoine au volume, on a fait et on fait de même pour le blé, sans se rendre compte de sa valeur nutritive bien supérieure.

Le blé pèse plus et est plus riche en principes alimentaires que l'avoine (1). Si donc vous remplacez 15 litres d'avoine, par exemple, par 15 litres de blé, vous aurez nécessairement des résultats fâcheux.

Il y a une autre précaution indispensable à prendre, c'est ne pas donner le blé *tel* aux chevaux, ils en sont tellement friands qu'ils le mangent gloutonnement sans le mâcher. C'est ce qui explique les inflammations et les congestions intestinales que l'on a constatées.

Il faut le donner aux chevaux, *concassé* ou *aplati, bouilli* ou au moins *macéré*.

Mélangé par petites quantités avec l'avoine, il fait très bon effet, pour remonter les chevaux fatigués.

Le blé donné concassé *et seul* est échauffant ; mais mêlez à la ration un

(1) Le blé pèse 33 0[0 de plus que l'avoine et contient en principes nutritifs 15 à 20 0[0 en plus.

peu de son, et l'inconvénient disparaît.

Règle générale : il ne faut pas donner aux chevaux le blé pur et tel, mais concassé ou aplati, en mélange avec un hachis de foin ou de paille, et mieux, bouilli et mélangé avec les autres aliments.

La mesure est de 1 kilo 1|2 à 2 kilos — par jour et par cheval — administré à la dose de un demi-kilo *à la fois*, le blé est un aliment extrêmement réparateur et fortifiant.

Quant aux animaux soumis à l'engraissement, il faut l'employer en farine non blutée : en pâtées, pour les volailles ; en buvées, en soupes, pour les bêtes à cornes et les porcs ; pour les bovidés, en mélange avec paille, foin, feuilles de choux, balles, fourrage de toute sorte haché ; pour la race porcine, en mélange avec petit lait, eaux grasses, légumes et toutes espèces de débris et de détritus.

Je ne viens pas ici faire un cours d'élevage et d'engraissement, je veux seulement dire qu'en fait de matières nutritives, la farine de blé, non blutée, est supérieure à tout ce que l'on peut employer, et plus économique que les tourteaux et autres matières concentrées, qui ont généralement le blé pour base.

Au triple point de vue de l'élevage,

de l'engraissement et aussi de la lactation, la farine de blé est donc une précieuse ressource pour les cultivateurs.

TABLE DES MATIÈRES